PALAVRAS DE JESUS

Dados Internacionais de Catalogação na Publicação (CIP)
(Câmara Brasileira do Livro, SP, Brasil)

Santinon, Ivenise
   Palavras de Jesus : reflexões e orações para as mulheres / Ivenise Santinon, Moema de Miranda, Patrícia de Moraes Mendes de Sousa. – Petrópolis, RJ : Vozes, 2025.

   ISBN 978-85-326-7143-1

   1. Jesus Cristo – Orações e devoções 2. Mulheres – Aspectos religiosos I. Miranda, Moema de. II. Sousa, Patrícia de Moraes Mendes de. III. Título.

25-261627   CDD-242.72

Índices para catálogo sistemático:
1. Jesus Cristo : Orações e devoções : Cristianismo
242.72
Cibele Maria Dias – Bibliotecária – CRB-8/9427

PALAVRAS DE JESUS
REFLEXÕES E ORAÇÕES PARA AS MULHERES

IVENISE SANTINON
MOEMA DE MIRANDA
PATRÍCIA MENDES

EDITORA VOZES

Petrópolis

© 2025, Editora Vozes Ltda.
Rua Frei Luís, 100
25689-900 Petrópolis, RJ, Brasil
www.vozes.com.br

Todos os direitos reservados. Nenhuma parte desta obra poderá ser reproduzida ou transmitida por qualquer forma e/ou quaisquer meios (eletrônico ou mecânico, incluindo fotocópia e gravação) ou arquivada em qualquer sistema ou banco de dados sem permissão escrita da editora.

CONSELHO EDITORIAL

Diretor
Volney J. Berkenbrock

Editores
Aline dos Santos Carneiro
Edrian Josué Pasini
Marilac Loraine Oleniki
Welder Lancieri Marchini

Conselheiros
Elói Dionísio Piva
Francisco Morás
Teobaldo Heidemann
Thiago Alexandre Hayakawa

Secretário executivo
Leonardo A.R.T. dos Santos

PRODUÇÃO EDITORIAL

Anna Catharina Miranda
Eric Parrot
Jailson Scota
Marcelo Telles
Mirela de Oliveira
Natália França
Priscilla A.F. Alves
Rafael de Oliveira
Samuel Rezende
Verônica M. Guedes

Editoração: Piero Kanaan
Diagramação: Editora Vozes
Revisão gráfica: Fernanda Guerriero Antunes
Capa: Érico Lebedenco

ISBN 978-85-326-7143-1

Este livro foi composto e impresso pela Editora Vozes Ltda.

Sumário

Palavra que ensina, 7
Ivenise Santinon

Palavra que alimenta, 39
Patrícia de Moraes Mendes de Sousa

Palavra de cuidado, 59
Patrícia de Moraes Mendes de Sousa

Palavra que acolhe, cura e conforta, 73
Moema de Miranda

Referências, 109

Biografias, 111

Palavra que ensina

Ivenise Santinon

"Amai os vossos inimigos, fazei bem aos que vos odeiam. Falai bem dos que vos maldizem e orai por quem vos calunia" (Lc 6,27-28)

Refletindo

Para seguir Jesus há a necessidade de se inverter a lógica proposta pelo mundo. Ela nos desafia a viver o amor de uma maneira diferente, radical e contrária à lógica humana. O que Jesus nos ensina é um amor que vai além de uma mera convivência pacífica, a qual ultrapassa a reciprocidade. Ele nos chama a amar quem nos odeia ou nos calunia, e convoca a responder ao ódio com amor.

O amor a quem nos odeia exige uma mudança radical interior, uma nova espiritualidade e uma disposição para perdoar, para ver além de um mero comportamento. É preciso nos reconhecermos como humanos dignos de erros e acertos. O amor verdadeiro se manifesta em ações e, por isso, é necessário fazer o bem a quem nos faz mal. Isso é difícil, mas nos aproxima de Deus, que faz o bem aos justos e aos injustos, oferecendo o mesmo amor a todos e todas. Por isso, em uma sociedade hedonista na qual cada um deseja o próprio prazer, é comum as pessoas responderem ao mal com críticas e julgamentos. E Jesus nos chama a não entrar nessa lógica da Lei de Talião, a do "olho por olho, dente por dente". Em vez disso,

Ele nos incentiva a falar com palavras de bênção, e não de maldição, evitando propagar mentiras e maledicências contra o próximo, pois usando os gestos, atitudes e palavras para o bem, o poder do amor de Deus refletirá nas ações para com todos e todas.

Oração

Senhor, que saibamos nos colocar diante de Deus, buscando o bem das pessoas. Oremos por quem nos faz mal, para que consigamos nos afastar do rancor, e entreguemos o controle das más situações nas mãos de Deus, confiando na sua justiça e na sua misericórdia. Que o amor de Deus, o qual exige humildade, perdão e capacidade de agir em favor do bem, nos ensine a reagir com ações benevolentes e generosas, baseadas no amor que transforma tanto quem recebe quanto quem pratica.

"Orai para não cairdes em tentação"
(Lc 22,40)

Refletindo

Inserido no contexto da oração de Jesus feita no Jardim das Oliveiras, está aí um pedido dele aos discípulos para que se atentassem e orassem, a fim de não cederem às tentações às quais estariam vulneráveis.

Jesus sabe que, em momentos de crise e dificuldades, as pessoas podem ser facilmente tentadas a abandonarem seus princípios, a se afastarem de Deus ou a sucumbirem ao desespero e se desligarem dos próprios propósitos. A tentação surge como um "teste" da nossa fé e da confiança em Deus. Jesus alerta que o discipulado precisa estar atento; e, para que permanecessem firmes e isso surtisse efeito na caminhada, todos precisariam orar para não serem seduzidos por propostas atraentes e indecentes. Jesus ensina que a comunicação com o Pai fortalece o espírito, ajuda a manter a vigilância e a perseverança, e nos mantém centrados no caminho correto. A oração nos lembra da nossa dependência de Deus e da necessidade de sua ajuda para superar as dificuldades.

Ao pedir ao Pai que "afastasse dele aquele cálice", Jesus revela a sua compreensão na luta humana. Embora divino, compartilha da experiência humana e nos ensina a confiar em Deus mesmo nas situações mais difíceis. "Humano assim [...] só podia ser Deus", diz o teólogo Leonardo Boff (2012).

Oração

Senhor, em meio a distrações, tentações e desafios que enfrentamos diariamente, tua mensagem nos revela tua humanidade e nos lembra da importância da oração como fonte de alento e refúgio. Suplicamos que nos ajudes a resistir às tentações em nossa prática diária, fortalecendo nossa fé para perseverarmos na construção do teu reino, com a coragem que nasce da paz interior. Que jamais nos esqueçamos da relevância da oração como ferramenta essencial para mantermos nossa firmeza na caminhada espiritual. Ensina-nos, Senhor, a cultivar uma vida autêntica e orante, sempre vigilante e confiante em tua graça, especialmente nos momentos de provação e dificuldade. Amém.

"E quando orardes, não sejais como os hipócritas, que gostam de rezar em pé nas sinagogas e nas esquinas das praças para serem vistos pelos outros" (Mt 6,5)

Refletindo

Qual a real intenção da nossa oração? Jesus alerta sobre o verdadeiro valor da oração, assim como alerta sobre a real intenção implícita na oração. Enfatiza a coerência na oração-ação e os gestos supérfluos na oração diante de pessoas, nos templos e fora deles. Abre os olhos contra o fanatismo hipnotizante de pessoas que gostam de aparecer e contra a hipocrisia, comportamento de fazer algo com o objetivo de ser visto e admirado pelos outros. A oração, segundo o ensinamento de Jesus Cristo, deve ser um momento de conexão genuína com Deus, sem ter a preocupação de aprovação ou reconhecimento dos outros. É um momento de intimidade com Deus, não de preocupação com olhares de outros.

A verdadeira oração não se baseia na estética, na aparência, mas na sinceridade. A prática religiosa não deve ser uma forma de exibição, mas um gesto íntimo de fé. Ao orar, devemos focar na nossa relação com Deus, sem a preocupação de como somos vistos. Isso nos desafia a questionar nossas motivações, não apenas no contexto da oração, mas em todos os âmbitos de nossa vida: estamos agindo para agradar a Deus ou para obter a aprovação dos outros? Em um mundo onde as redes sociais incentivam a exibição de momentos de fé e espiritualidade para ganhar reconhecimento, esse versículo nos convida a voltar ao essencial, a buscar a verdadeira autenticidade.

Oração

Senhor Jesus, em um mundo onde tudo parece girar em torno da visibilidade e credibilidade, pedimos que a oração não nos paralise diante das exigências impostas pelo mundo, mas que nos ajude a compreender o verdadeiro valor do diálogo contigo, da gratidão e do relacionamento sincero com o próximo. Que, ao enxergarmos o sentido profundo da oração, possamos alcançar a verdadeira fé que nos aproxima do teu amor e nos impulsiona a amar verdadeiramente o nosso próximo. Que a oração, Senhor, não seja superficial ou apenas estética, mas encontre profundidade em nossas ações e transforme o nosso viver. Amém.

"Se alguém quiser vir após mim, renuncie a si mesmo, tome a sua cruz e me siga"
(Mc 8,34)

Refletindo

Um chamado para um novo tipo de discipulado é feito por Jesus. O comprometimento com a vida cristã está além da salvação individual. Jesus nos convoca a um caminho que exige mais do que segui-lo para se curar ou se livrar das mazelas individuais. Trata-se de um compromisso árduo e genuíno empenhado com a transformação interior e com os valores coletivos em prol dos seus ensinamentos.

A renúncia a si mesmo não se trata de uma negação da própria identidade, mas de um convite à renúncia ao egoísmo, ao narcisismo e a vontades e desejos pessoais que nos afastam de Deus. Isso nos desafia a colocar o bem do outro acima do bem individual e esse é o propósito divino acima das nossas ambições.

A cruz, como símbolo do sofrimento e da entrega, é uma convocação a viver o Evangelho de forma autêntica, mesmo quando isso envolve dificuldades e sacrifícios. Tomar a cruz é abraçar a missão de viver o amor de Deus no mundo, apesar das adversidades. A cruz não é apenas um símbolo de dor, mas também de esperança e ressurreição. Ao tomá-la, não estamos sozinhos, pois Jesus nos acompanha em nosso sofrimento e nos fortalece para continuar.

Oração

Senhor Jesus, ao te seguir, somos chamados a imitar teu exemplo de vida e nos dedicar à construção de um mundo mais justo e solidário. Pedimos que nos ajudes a não te seguirmos de forma passiva e descomprometida, mas que tenhamos a coragem e a força de levar tua mensagem de libertação a todos e todas. Que a nossa fé nos inspire a repensar o nosso ser cristão não apenas ao professarmos o credo, mas vivendo, de maneira prática e constante, os teus ensinamentos. Que, ao renunciarmos a nós mesmos, possamos aceitar os desafios com a coragem própria e coerente à fé cristã. Confiamos que, mesmo diante dos caminhos árduos, tua força nos sustentará em qualquer situação. Amém.

"Todos saberão que sois meus discípulos,
se vos amardes uns aos outros" (Jo 13,35)

Refletindo

Durante a Última Ceia, há o momento mais importante para os discípulos e discípulas de Jesus, quando Ele ensina sobre o amor mútuo como o maior sinal de sua identidade e missão. Ao dizer que todos saberão que somos seus discípulos se nos amarmos uns aos outros, Jesus nos convida a viver um amor genuíno e incondicional, refletindo tudo o que Ele demonstrou por nós.

Esse versículo nos traz uma tarefa profunda e desafiadora, pois nos lembra que a verdadeira identidade cristã não está em rituais externos ou em demonstrações de poder, mas no amor que praticamos em relação a todos e todas. Esse amor não é apenas um sentimento, um cumprimento de regras, uma obrigação, mas se expressa de maneira prática no cotidiano, no cuidado com a vida humana, com a natureza e no serviço ao próximo. Sem esperar nada em troca, o amor entre cristãos e cristãs é uma forma de fortalecer a comunidade e ajudar a construir uma sociedade mais fraterna, acolhedora e justa, em que todos são amparados e respeitados. Seguir Jesus significa praticar a sua mensagem, viver o amor genuíno entre todos e todas, amor esse que interpela a realidade e transforma o mundo.

Oração

Jesus, que aprendamos a verdadeiramente amar uns aos outros sabendo que essa missão se trata de uma ação contínua, que deve transcender as diferenças, as limitações e os momentos de dificuldades. Que a nossa convivência diária como cristãos seja um testemunho do amor e da fé em Cristo. Que esse amor reflita a essência do Evangelho que é o amor a todas as pessoas, preferencialmente os mais pobres, e que se possa fazer a diferença no mundo agindo como Ele agia e tornando visível a presença de Deus em nossas vidas.

"Se permanecerdes em minha palavra, sereis verdadeiramente meus discípulos"
(Jo 8,31)

Refletindo

O discipulado verdadeiro de Jesus deve ser de iguais, de todos e todas que pela fé se comprometem com o seu reino e fazem o exercício pleno da sua palavra em todas as esferas de atuação. Permanecer nessa essência do Evangelho significa assumir todos os riscos em nome da fé.

João nos convida a refletir sobre essa palavra de Jesus e ensina a base para sermos discípulos e discípulas genuínos. Isso não se limita a apenas o seguir com palavras decoradas e vazias, mas vivê-las e aplicá-las no nosso dia a dia.

A palavra de Jesus é a fonte de sabedoria e de vida, e, ao permanecermos nela, somos transformados, guiados e sustentados. O discipulado não é algo superficial. É um compromisso profundo com seus ensinamentos que moldam o nosso caráter, nossas atitudes e nossas decisões. Quando permanecemos na palavra de Deus, não só nos aproximamos de Cristo, mas também encontramos a verdade que liberta e transforma. A verdade de Deus nos liberta das mentiras, corrupções e ódios do mundo, pois nos conduz ao propósito divino para nossas vidas.

Oração

Ensina-nos, Senhor, a aderir ao teu projeto de discipulado de iguais. Que a tua palavra também nos faça lembrar da importância de estar continuamente em comunhão com a palavra de Deus, meditando-a e permitindo que ela transforme nossa razão e nosso coração. Que sejamos convocados a viver uma vida autêntica, coerente e igualitária, fundamentada na verdade de Cristo, sendo testemunhas vivas no seu discipulado de amor e libertação.

"O que adianta alguém ganhar o mundo inteiro, se vier a se prejudicar?" (Mc 8,36)

Refletindo

Pensar sobre o valor das coisas que buscamos na vida e sobre o risco de estarmos focados mais nos bens materiais, no poder ou na fama é um dos grandes desafios atuais. Com isso podemos perder aquilo que realmente importa: o bem do nosso espírito e o verdadeiro relacionamento com Deus. Para entendermos o que significa "ganhar o mundo", muitas vezes, perdemos o sentido verdadeiro da vida, pois estamos tão focados em alcançar *status*, dinheiro e sucesso, acreditando que esses fatores nos proporcionarão felicidade e satisfação duradoura, que esquecemos dos reais princípios de vida. Por isso, Jesus nos ensina que esses bens terrenos são passageiros e que isso nos afasta de Deus ou nos leva a atitudes que prejudicam a nossa integridade, fazendo perder o valor real da vida.

Ganhar o mundo pode ser uma metáfora para repensar os nossos desejos materiais; com isso, Jesus nos faz refletir sobre o que estamos priorizando na vida, o que consideramos como valor eterno. Esse chamado de Cristo não é apenas para ricos ou poderosos, mas para todos e todas nós imbuídos para além dos bens temporários, pois em diferentes momentos da vida podemos ser tentados a buscar apenas o efêmero.

Oração

Senhor, ensina-nos que a verdadeira plenitude de vida vem de um relacionamento sincero contigo e com os outros, e não das posses que acumulamos ao longo da caminhada. Concede-nos discernimento para enfrentar os desafios que frequentemente nos atraem aos valores efêmeros e temporários. Que tenhamos clareza de que a nossa vida não deve ser medida pelo que temos ou conquistamos, mas pelo que somos em Cristo e pelo nosso compromisso ético com os valores do teu reino. Afinal, Senhor, o que neste mundo pode valer mais do que a nossa missão e o nosso firme propósito em ti? Amém.

"Tudo é possível para quem tem fé!"
(Mc 9,23)

Refletindo

Afinal, qual é o potencial transformador da fé? Essa pergunta pode nos causar medo e espanto e ao mesmo tempo mostrar a força poderosa sobre o potencial transformador da fé. Quando Jesus fala sobre isso, ao responder a uma pergunta de um pai diante do medo de seu filho ser ou não curado, Ele não apenas responde com uma afirmação, mas faz um convite a olhar para a fé como algo que ultrapassa as limitações humanas e que é capaz de mover montanhas, por assim dizer. A fé não se trata de uma crença vaga ou superficial, mas de uma confiança profunda no poder de Deus, que age além das nossas limitações e percepções. Ele nos chama a confiar plenamente no poder de Deus para realizar o impossível, mesmo quando os olhos humanos podem não enxergar soluções. A fé é uma espécie de "garantia" do que a Deus pedimos e é a chave para acessarmos o poder divino, para termos coragem de agir diante das adversidades e para sermos transformados pela entrega irrestrita a Deus.

Oração

Que a nossa fé não seja vaga ou ingênua. Que saibamos buscar o encontro com Deus nas adversidades; e, como entendedores dos nossos limites, não nos limitemos ao que entendemos. Que a nossa fé nos mostre o poder ilimitado de Deus, pois "tudo é possível para quem tem fé" e com fé nos conectamos a Deus, maior que tudo e todos, em qualquer dificuldade.

"Felizes os que têm espírito pobre, porque deles é o reino dos céus" (Mt 5,3)

Refletindo

Ter um espírito de pobre significa se apropriar do amor de Deus pela construção do reino que é para todos e todas, com um olhar a partir dos mais vulneráveis. Isso nos convida a refletir sobre a verdadeira essência da humanidade, da humildade e do desprendimento diante das ostentações próprias do mundo.

Quando Jesus fala sobre "espírito de pobre", Ele não se refere apenas àqueles que vivem total pobreza material, mas sim a quem consegue agir com um coração humilde e comprometido, responsável e livre do egoísmo. Trata-se de uma pobreza espiritual, de uma atitude que não se apega às riquezas e aos bens materiais, estes que podem nos afastar de Deus e da verdadeira felicidade.

Ser pobre de espírito é reconhecer que não temos tudo de que precisamos. E essa postura cristã nos coloca em um estado de constante dependência de Deus, o único capaz de nos suprir e de nos oferecer aquilo de que realmente necessitamos. A consciência do ser cristão é reconhecer as injustiças sociais diante de tantos necessitados e, também, as nossas limitações e nossos apegos desnecessários. Essa "felicidade" que Jesus menciona não é momentânea ou baseada em poderes e posses. Trata-se de um estado duradouro de paz pela construção do seu reino, este que vem de uma relação íntima com Deus.

Oração

Jesus, nos ensine a viver com humildade e reconhecer que somos pequenos e precisamos nos abrir ao reino de Deus. Que saibamos viver com coerência a nossa fé e, por isso, tenhamos uma relação profunda e duradoura com todos e todas, principalmente os mais pobres, sabendo que essa postura enriquece o espírito, pois vem de uma relação sincera e íntima com Deus. Senhor, para além das palavras, que tenhamos um coração simples, aberto à solidariedade, e que a nossa fé nos torne espiritualmente pessoas desapegadas daquilo que nos corrompe e que nos prende a valores contrários ao Evangelho e nos impede de experimentar o seu amor em plenitude.

"Felizes os mansos, porque possuirão a terra"
(Mt 5,5)

Refletindo

As bem-aventuranças como coração do Evangelho é o cerne da mensagem de Jesus. Nelas estão a essência da nossa vida. A mansidão, conforme apresentada por Jesus, não é fraqueza ou passividade diante da injustiça, mas uma força interior que reflete confiança em Deus e respeito pelo próximo. Ao afirmar que mansos "possuirão a terra", Jesus faz referência à promessa divina de que todos e todas que confiam em Deus e que o seguem herdarão as suas promessas e que essa herança não se limita a bens materiais, mas abrange a paz nas relações e a participação completa na construção do reino de Deus.

Em um mundo marcado por conflitos, disputas de poder e busca incessante por *status*, a mensagem de Jesus sobre a mansidão oferece caminhos alternativos. A verdadeira felicidade e a realização não estão na imposição da própria vontade ou na conquista egoísta, mas na capacidade de agir com retidão, respeito e justiça para todos e todas. Ao adotar uma postura mansa, o indivíduo contribui para a construção de uma sociedade mais justa e solidária, refletindo os verdadeiros valores do reino de Deus.

Oração

Senhor, que consigamos cultivar a mansidão em nossa vida cotidiana. Que o essencial seja por nós praticado, como uma escuta ativa, ouvindo atentamente o diferente, buscando compreender suas necessidades sem prévios julgamentos. Que saibamos controlar nossos impulsos, refletindo antes de reagir, evitando respostas impulsivas que possam gerar conflitos desnecessários. Que sejamos promotores da justiça, agentes de reconciliação, de mediação de conflitos, e que consigamos ser construtores da paz.

"Vós sois o sal da terra. Mas se o sal perder o gosto salgado, com o que se há de salgar?" (Mt 5,13)

Refletindo

Esse trecho bíblico nos ensina o papel do cristão presente no mundo e a necessidade de mantermos a essência da fé. Jesus, ao usar essa metáfora, fala sobre a importância de darmos "sabor" à vida, agindo como um real transformador na sociedade, preservando e espalhando o bom e o verdadeiro. O sal, usado na Antiguidade como conservante para dar sabor e até como moeda de troca, vem nos imbuir desse compromisso ético. Se perdermos o "sabor", se deixarmos de viver conforme os princípios cristãos, nossa influência no mundo enfraquecerá. Não podemos permitir que o compromisso com Cristo se torne superficial e seja diluído pelas ambições próprias dos padrões do mundo contemporâneo. Precisamos, além dos conservadorismos da nossa época, ser preservadores da verdade do Evangelho: o sal preserva e evita a decomposição. Dessa forma, o cristão é chamado a preservar os valores divinos no mundo, que muitas vezes se afastam da verdade. Isso implica fazermos a diferença e, conscientes de nossas ações e palavras, influenciarmos o ambiente à nossa volta. O que haveremos de salgar e iluminar? Precisamos agir com coragem e longe dos vícios que, em nome de Deus, obscurecem o mundo de hoje. Precisamos ser a luz que ilumina a justiça e denuncia as injustiças no caminho de todos e todas. É um alerta para sermos um farol que aponta para a verdade, a justiça e a esperança em meio à escuridão.

Oração

Ó Deus, que nós saibamos entender o essencial que nos desafia na vida, que a sua luz nos mova e não nos deixe perder os rumos em nome da fé. Que sejamos conscientes do nosso papel atuante no mundo e que a nossa fé mostre um agir com integridade na construção do vosso reino, mantendo o sabor da graça divina sem perdermos o "sabor" da firmeza nos nossos compromissos com Cristo. Permita que sejamos instrumentos transformadores para preservar a vida e o mundo ao nosso redor. Que sejamos como o sal, uma presença que faz a diferença sendo ativa, viva e transformadora.

"Pois onde estiver vosso tesouro, aí também estará o coração" (Mt 6,21)

Refletindo

O "tesouro" que Jesus menciona não se refere apenas a riquezas materiais, mas ao valor que damos a tudo. Ao que colocamos em primeiro lugar em nossas vidas: nossos afetos e desejos, nossas decisões e ambições. Nesse sentido pode ser o dinheiro, mas também o poder, o *status*, o reconhecimento, a fama ou até as preocupações e ansiedades. Àquilo que dedicamos o nosso tempo e nossas atividades revela muito sobre o valor dado pelo nosso espírito, nosso coração.

Nesse sentido, o coração é o centro do ser. É o que define nossas ações, escolhas e decisões. Portanto, se nos concentrarmos em acumular riquezas materiais, por exemplo, é isso que irá dominar nossas mentes e ações. Por outro lado, se nosso tesouro for a busca pelo amor, pela compaixão, pela justiça, pelo reino de Deus, nosso coração estará voltado para esses valores e nossas atitudes refletirão isso na sociedade e no mundo.

Mateus nos convida a repensar onde estamos investindo nossa vida. Será que estamos acumulando tesouros que realmente valem a pena? O que realmente importa para nós a longo prazo? A reflexão que Jesus propõe é uma chance de examinar o que estamos priorizando e se isso está em alinhamento com os valores do reino de Deus, com coragem e humildade, com solidariedade e comprometimento social. Onde colocamos nosso coração é onde nossos verdadeiros valores estão.

Oração

Deus, pai e mãe, que o nosso coração tenha uma "fraternura", que saibamos aprender a discernir o verdadeiro afeto e valor das pessoas e das coisas. Que no mundo atual, com tanta inversão de princípios e valores, saibamos nos apropriar do que a vida nos impõe de forma assertiva. Que a sua força nos dê a coragem para enfrentar situações de riscos e que o nosso coração possa intuir a verdade e não depreciar pessoas e situações de injustiças.

"Vós sois a luz do mundo. Não é possível esconder uma cidade situada sobre um monte" (Mt 5,14)

Refletindo

Essa poderosa mensagem é sobre o papel do cristão no mundo. Quando Jesus diz: "Vós sois a luz do mundo", Ele nos lembra da nossa missão de iluminar a escuridão na sociedade e no mundo, de ser exemplo de amor, bondade, verdade e esperança em um mundo que muitas vezes está envolto em desafios, injustiças e angústias. A luz, em várias passagens bíblicas, está associada à verdade e à presença divina. Ao sermos chamados de "luz do mundo" somos desafiados a refletir e agir por meio dessas qualidades e a mostrar ao mundo o verdadeiro caminho de Deus. Assim como a luz para iluminar não pode ser escondida, nós também não devemos esconder nossa fé e nossas boas ações. Pelo contrário, devemos anunciar a luz que vem de Deus, mostrando o que nos inspira e denunciando o que encobre a iluminação "dos vários montes" ao nosso redor. Devemos ser pessoas atuantes, comprometidas e presentes nas mais diversas situações obscuras existentes na sociedade, compartilhando aí a coragem, a compaixão, a bondade e o amor de Deus.

Oração

Deus de amor que a cada dia mais nos ilumina para vencermos os dias obscuros, ensina-nos a viver com clareza e transparência nas nossas ações cotidianas. Que sejamos luz para o mundo, transparecendo a vossa vontade nos nossos gestos e palavras. Que saibamos refletir nas nossas atuações tudo aquilo que nos proporciona e, com isso, anunciar a sua mensagem e viver a sua palavra com clareza e coerência.

"Não julgueis e não sereis julgados"
(Mt 7,1)

Refletindo

Esse ensinamento tanto em Lucas quanto em Mateus está na centralidade da mensagem de Jesus, e nos convida a refletir sobre as nossas atitudes. Nessa "proibição" de julgamento, Jesus nos alerta contra a tendência de condenar ou criticar impensadamente os outros, sem antes examinarmos as nossas próprias falhas. Ele nos desafia a olharmos para dentro de nós mesmos, reconhecendo nossas imperfeições antes de apontarmos as dos outros.

Essa mensagem está alinhada ao princípio da "mesma medida", ou seja, aquela medida que usamos para julgar as pessoas será a mesma aplicada a nós. Portanto, ao praticarmos a misericórdia e o perdão, estaremos mais aptos a receber o mesmo tratamento. Essa reciprocidade enfatiza a importância de cultivar atitudes de compreensão e compaixão em nossas interações diárias.

Oração

Deus de amor, afeto e compreensão, ajuda-nos a enxergar a importância da autocrítica e da humildade. Nos faça compreender o valor de todos e todas e que possamos refletir sobre as nossas próprias falhas antes de condenar as outras pessoas. Deus, que conhece profundamente o coração humano, nos auxilie a agir com misericórdia e compreensão, reconhecendo que todos estão sujeitos a erros e acertos, e com eles podemos corrigir e aprimorar as nossas próprias lutas e imperfeições.

"Não vos preocupeis com o dia de amanhã. O dia de amanhã terá suas próprias dificuldades" (Mateus 6,34)

Refletindo

A ansiedade, tão intensificada nos dias de hoje, leva qualquer pessoa a sofrimentos desnecessários. As dificuldades de hoje são diferentes daquelas que teremos nos próximos dias e, por isso, viver a cada dia de forma leve e esperançosa é uma necessidade. Cada dia traz consigo os seus próprios desafios e é inútil antecipar problemas antes de eles acontecerem. A preocupação excessiva e o medo do amanhã podem nos paralisar, enquanto o verdadeiro crescimento e a superação acontecem quando nos dedicamos com mais atenção ao momento que estamos vivendo. Convém pensar sobre como nossos valores e nossas ações no presente influenciam o nosso futuro. Então, ao invés de nos afligirmos com hipóteses, podemos agir com sabedoria, misericórdia e compaixão agora para que o amanhã se construa com menos ansiedade e mais amor e paz.

Oração

Deus, que é pai e mãe, ajuda-nos a entender o "não vos preocupeis". Que tenhamos sabedoria para dar importância e confiança à sua providência e que isso seja um convite a uma entrega de nossas angústias e medos. Que, ao sermos mais presentes e confiantes no dia a dia, consigamos viver com mais serenidade, conscientes de que o amanhã está em suas mãos, e assim o mundo poderá viver com mais amor e construir a paz.

Palavra
que alimenta

Patrícia Mendes

"Porque onde estiver vosso tesouro, aí estará também vosso coração" (Lc 12,34)

Refletindo

Nesse contexto, Jesus está falando sobre bens – a posse de bens, mais especificamente –, pois uma pessoa, quando tem muitos bens, precisa de toda a sua disponibilidade para cuidar deles. Ela precisa devotar-se à manutenção e guarda de suas posses a fim de não as perder. Nesse sentido, não haverá sensibilidade nem solicitude interna para outros cuidados. E que cuidados seriam esses? Quem está extremamente ocupado em não perder dinheiro desconfia de todos ao seu redor, não tem abertura para com o próximo, fazendo com que, consequentemente, também não se interesse por esse outro, por seus desejos, por suas necessidades. À vista disso, não há uma acolhida para o próprio Deus.

Jesus está falando sobre a vida, sobre o bem viver, sobre uma relação contemplativa, integrativa e ativa com o próximo, com o mundo ao nosso redor, colocando em prática a reciprocidade, a relacionalidade e a complementaridade. Nossa jornada humana é a de transformação pessoal, de fazer dos bens um meio de viver melhor a vida, de proporcionar igualdade de oportunidades e de ajuda mútua. Os bens passageiros não podem ser mais importantes do que a plenitude da vida, pois, no fim, eles são inúteis. A riqueza duradoura é a dos bens espirituais, da bondade divina que quer que todos os seus filhos sejam felizes, e quem conquista essa riqueza conquista um "tesouro inesgotável", conforme afirma o evangelista, relatando as palavras de Jesus.

Oração

Senhor Misericordioso, que os seres humanos saibam sair de si mesmos e tenham uma abertura relacional, de encontro; e, desse modo, encontrem o vosso amor. Que a confiança na angústia e na aflição não seja no poder dos bens materiais, mas na vossa Graça e Providência. Amém!

"Mais felizes são os que ouvem a palavra de Deus e a põem em prática" (Lc 11,28)

Refletindo

O destaque nesse trecho recai sobre a prática da palavra de Deus, ou seja, sobre agir, e não apenas ouvir; é sobre deixar germinar essa palavra, depois de longa meditação e deixar fluir o fazer, as atitudes concretas que brotam do entendimento da palavra divina.

Os tolos conhecem a palavra de Deus, a sabem de cor e salteado, porém não a colocam em prática; enquanto os sábios vão além, eles entendem que apenas ter conhecimento sem ter atuações dentro da coletividade a palavra torna-se letra morta. A palavra de Deus é dinâmica, ela se atualiza e sua ação chega a termo, uma vez interiorizado esse conhecimento do mistério de Deus.

O contexto indica que a vida só faz sentido quando encontramos um modo de reconhecer a interação e interdependência entre o ser humano, a natureza e o cosmos, aplicando o respeito e o cuidado para com todos os seres, pois a palavra de Deus fala de amor e de misericórdia, de justiça e de integração. A oportunidade da salvação está verdadeiramente na escuta e na prática da palavra. Não basta apenas conhecer Jesus, é preciso ir além, é preciso trilhar os passos que Ele percorreu. Jesus é a palavra encarnada em gestos de solidariedade, de compaixão e cuidado, que são a própria expressão do projeto divino.

Oração

Senhor da vida, Pai de Misericórdia, fazei com que minhas mãos produzam os frutos que brotam da semente da vossa palavra, do vosso amor. Que o transcendente se manifeste no cotidiano, nos gestos simples do meu estar neste mundo, e que encontrem ressonância na vida do meu irmão. Amém!

***"Pedi e vos será dado; buscai e achareis;
batei e vos abrirão" (Lc 11,9)***

Refletindo

Quem precisa, precisa de forma urgente, imediata, e, nesse sentido, a insistência é a estratégia para sanar a necessidade. Deus é bom, misericordioso, e dará o que com obstinação se pede, haverá provisão. Aquilo que se pede com retidão do coração alcança a deliberação divina. A porta em que se bate veementemente é a possibilidade da travessia, do encontro, do acesso à graça. "Batei e vos abrirão."

A verdadeira oração tem grande poder e ela expressa a fé e a vida de quem pede, e Deus, como Pai-Mãe, ouve as orações de seus filhos. Jesus concretiza a oração a qual ensina imediatamente antes, mostrando que a perseverança em suplicar a Deus é alcançada em função de seu amor paternal-maternal, que criou os seus filhos para a felicidade suprema. Jesus, Ele mesmo, é a porta que dá acesso ao Pai, e, por isso, sua postura orante nos inspira na busca por essa conversação sagrada.

A oração é a intimidade relacional, dialógica, com a amorosidade divina. Nesse sentido, o Pai-Mãe não dará uma serpente ao filho que pede peixe, não dará um escorpião ao filho que pede ovo, mas dará tanto o pão quanto o Espírito aos que suplicam insistentemente. É preciso orar sem cessar na certeza de ser atendido. A fé resoluta, pura e persistente é a certeza de que aquele que fala receberá uma resposta porque essa é uma promessa de Deus.

Oração

Senhor, que ao dirigir minhas preces o meu coração seja sincero em teu clamor. Que eu tenha a certeza plena de que serei atendida, mas, ainda assim, suplicarei insistentemente, pois, desse modo, estarei sempre falando contigo e ouvindo a tua voz. Amém!

"Tende fé em Deus"
(Mc 11,22)

Refletindo

O conceito de fé, a atitude que brota da fidelidade, é muito importante em todo o anúncio da Boa-nova de Jesus. Ela é o cerne da oração e está intimamente ligada à vida, não só no sentido espiritual, mas também no sentido material. A entrega plena e irrestrita à providência divina não se enleva apenas com observâncias, mas exige a adesão do coração.

É interessante observar que essa providência divina é manifestada por meio da solidariedade e da compaixão, da piedade e da misericórdia que encontramos durante a nossa vida nos que estão ao nosso redor, no coletivo, no próximo, na alteridade. A confiança em Deus e a confiança nos que nos avizinham estão intrinsecamente relacionadas. A manifestação divina de seu real poder libertador e salvador ocorre no chão da vida, da existência.

Não é à toa que Jesus diz claramente: "Mas, quando vos puserdes em oração, perdoai, se por acaso tiverdes alguma coisa contra alguém, para que também vosso Pai que está no céu vos perdoe os pecados" (Mc 11,25-26). O perdão ao próximo funda-se no empenho do ser humano em cumprir sua responsabilidade para com o outro ser

Palavra que alimenta • 47

humano, amar não num sentido emotivo e sentimental, mas de uma forma operante, ou seja, de não deixar de fazer o bem, de agir em prol da vida.

Oração

Senhor, Deus Misericordioso, Deus Piedoso, Senhor da Vida, que eu possa fazer o meu agir semelhante ao vosso, um agir que não discrimina, que não guarda rancor, que seguindo o vosso exemplo, na pessoa de Jesus e seus ensinamentos, eu seja capaz de amar verdadeiramente. Amém!

"Não é o que entra pela boca que torna alguém impuro, mas o que sai da boca, isso é que o torna impuro" (Mt 15,11)

Refletindo

Muito além da questão dos preceitos judaicos de pureza e impureza, o ponto essencial consiste no fato de que quando nos prendemos ao tradicionalismo, ao conservadorismo dos costumes, de modo que esses sejam verdadeiros entraves para a solidariedade, nossas atitudes se tornam vazias e inoperantes, uma falsa moralidade que impede a libertação e a transformação.

A boca leva o ser humano a proceder segundo o que diz e, portanto, passam por ela a mentira, a injúria, a blasfêmia; o comer e o beber, ao contrário, se desfazem no interior humano, sendo posteriormente descartados, não causando, portanto, nenhum mal. Por isso Jesus diz sobre a importância do que sai da boca do homem, e não do que entra por ela.

A boca manifesta o que está no coração e o coração, na concepção bíblica, é onde o ser humano faz as suas opções decisivas. Nesse sentido, tudo aquilo que é dito por alguém encontra uma responsabilidade que foi anteriormente dialogada consigo mesmo e tomada uma decisão, pela vida ou pela morte, por palavras que constroem ou por palavras que destroem. A dureza de coração, atrelada às conveniências, deixa maculado tudo o que procede da boca do ser humano.

Oração

Senhor, Bondoso e Misericordioso, que o meu coração seja de carne, pulsante na vivência dos vossos ensinamentos, para que eu possa proferir palavras de luz, de mansidão e ternura para todos aqueles que se aproximem de mim. Que as rubricas e a hipocrisia não me distanciem do vosso verdadeiro mandamento, o de amar ao próximo. Assim seja! Amém!

"Porque onde dois ou três estiverem reunidos em meu nome, eu estarei ali no meio deles" (Mt 18,20)

Refletindo

Jesus em seu ministério não quis seguir uma vida solitária, ainda que tivesse muitos momentos de meditação a sós, mas construiu, no decorrer da sua pregação, uma vida comunitária com os apóstolos, com seus discípulos e discípulas. Claro que essa comunhão se atualiza e a comunidade unida a Jesus permanece com Ele no decorrer dos tempos e no agora na comunidade cristã.

A dimensão comunitária exprime a verticalidade do encontro com Deus. A horizontalidade do encontro, por sua vez, é a força-presença que faz com que os que praticam os ensinamentos de Cristo participem de sua própria vida, movendo-nos a uma atitude de ajudar-nos mutuamente a sermos melhores do que somos, a fazermos coisas melhores do que fazemos. A fertilidade que brota da partilha, da cooperação, da união, traz em si a presença viva do Ressuscitado.

Tomar parte dessa sintonia de estreita intimidade com o próximo nos aproxima da convergência solidária vivida pela Trindade, do colocar em comum, de forma coletiva, os dons, as orações, as dores e alegrias, e gera uma permanência dos fiéis em Jesus e de Jesus nos fiéis. É a atmosfera de festa do encontro, do estar junto, do bem viver. É saborear essa experiência que os primeiros cristãos viviam e que Jesus nos conclama a reviver e reviver sempre. Passado e futuro não são pontos distantes em uma linha reta, mas dimensões que se alimentam mutuamente.

Oração

Senhor, que em consonância com a vossa disponibilidade de estar conosco, eu possa assim também estar conciliada com os meus irmãos e irmãs para que juntos desfrutemos da paz que é viver na vossa presença. Amém!

"Eu sou o pão da vida. Quem vem a mim já não terá fome, e quem crê em mim jamais terá sede" (Jo 6,35)

Refletindo

Estudos indicam que a fabricação do pão data de aproximadamente 14.400 anos atrás, no sudoeste da Ásia, sendo um produto que caracteriza o processo de sedentarização do ser humano, passando a ser, posteriormente, tão importante para a alimentação que foi usado, inclusive, como moeda e era considerado um símbolo de prosperidade.

Seu consumo era a base da dieta dos primeiros caçadores-coletores e produto central da dieta das sociedades agrícolas posteriores, passando a ser um alimento fundamental na história da humanidade, inclusive para a sociedade judaica, na qual era o item principal, sinônimo de comida e sustentação da vida.

Jesus ressalta a importância do pão material, que dá subsistência, na oração do Pai-Nosso, mostrando a importância do pão de cada dia e enfatiza, no entanto, que devemos ir além, pois o ser humano necessita de algo mais, de um alimento espiritual, tão importante e essencial quanto o pão material, que é o pão da vida.

Com a metáfora proveniente do mundo da experiência humana, Jesus revela-se e revela sua especial relação com Deus, revela quem Ele é e o que oferece, revela esse "algo mais" pelo qual o ser humano anseia: a eternidade. O eterno já é presença sutil, solícita e amorosa em Jesus.

Oração

Senhor Misericordioso e Providente, dai-nos o pão diário, alimento que sustenta nosso corpo, mas também nos dai os dons necessários para que possamos crer em Jesus, pão da vida, configurando a nossa vida ao seu viver, despertando a esperança, agindo com misericórdia, na confiança da eternidade. Amém!

"Eu sou a luz do mundo. Quem me segue não andará nas trevas, mas terá a luz da vida" (Jo 8,12)

Refletindo

Jesus tem palavras de vida, se apresenta como a vida e símbolos que estão ligados à vida. Ele é a presença iluminadora que se solidariza com os sofredores da Terra, trazendo alívio. Essência vital que cura os cegos, os paralíticos, que abre os ouvidos dos surdos, que não condena a mulher adúltera, que purifica os leprosos. A uma vida sombria segue-se uma vida luminosa, pura, regenerada, de ordenação do caos.

A luz é fecundadora e uma conduta inspirada pelo amor é sinal de luz. O caminho é iluminado pelas práticas: não julgar, não condenar, não discriminar, não ferir quem causou ferimento, agir com condescendência e delicadeza. Simples e exigente. É ter uma disponibilidade interna para doar o melhor de si, do ir em direção ao outro, acolher e cuidar. Criar devires insurgentes por meio de práticas e composições com o diferente, que substituam o sectarismo e o desinteresse.

Num momento em que ressurgem déspotas que reafirmam a necropolítica, o egocentrismo, que atualizam as observâncias vazias, reiterando o preconceito, a iniquidade, Jesus nos vem continuamente falar de vida, de congraçamento, de reconciliação, nos ensina um modo de produzir outras realidades, de estarmos envolvidos nesse mundo gerando possibilidades, florescimentos e alternativas que sejam vivificadoras.

Oração

Senhor, presença viva e luminosa, que eu saiba ter bons encontros que potencializem a vida. Que meu olhar possa se deslocar a fim de enxergar o coletivo, o próximo, antes do meu eu e possa, assim, compartilhar a sacralidade do cotidiano, sendo um feixe da luz que vem de ti. Amém!

"Eu sou o caminho, a verdade e a vida.
Ninguém vem ao Pai senão por mim"
(Jo 14,6)

Refletindo

Jesus nos mostra que Ele é o caminho que leva ao Pai e com isso acalenta o nosso coração, pois quando estivermos perdidos, sem perspectiva, desolados diante de um vazio existencial, Cristo nos dá um sopro de esperança: há solução! Sempre há uma solução para aqueles que estão com disposição de deixar-se inundar pela força da palavra divina, pela inspiração do Espírito. As contrariedades sempre vão existir e, assim como os discípulos, podemos ficar abatidos, porém se nos deixarmos conduzir pela verdade nos abriremos ao novo e seremos criativos para agir em conformidade com o que Ele nos diz.

Quando profere essas palavras, Jesus está pedindo uma adesão do nosso coração ao seu projeto de vida, às suas orientações. Com isso, vamos entendendo que Ele está falando de uma espiritualidade, de um modo de viver que pede coerência e atitude, uma leitura prática e integrativa do mundo, em uma concepção de unir novamente os seres humanos entre si e estes com Deus.

Jesus é a palavra do Pai encarnada, o rosto divino na carne humana, e, por isso, Ele é o caminho para o Pai, uma vez que a sua pessoa é a expressão tangível do plano divino da salvação e quem deseja trilhar esse caminho necessita acolher e praticar essa verdade, ou seja, a do encontro com o Pai, na fé, na perseverança, no amor, na misericórdia, para que essa palavra se transforme na sua própria existência.

Oração

Senhor, que através do vosso Filho eu possa encontrar a vida plena que me ofereceis em abundância. Que eu saiba viver o amor fraterno como princípio ético e que este produza realidades novas e que me aperfeiçoe no meu modo de ser e servir, segundo o vosso mandamento. Amém!

Palavra
de cuidado

Patrícia Mendes

"Eu vim para que tenham vida e a tenham em abundância" (Jo 10,10)

Refletindo

Jesus veio ao mundo com um propósito bem definido e não veio para sofrer, isso foi consequência do seu ensinamento radical, e da enorme intransigência dos seres humanos. Ele veio com o objetivo de mostrar o rosto de Deus à humanidade, com o intuito de revelar esse amor incondicional do Senhor por seus filhos e filhas.

Ao falar de si mesmo através de metáforas que lembram o cotidiano simples das pessoas daquele tempo, Ele usa a comparação com a porta. A porta é a passagem, a hospitalidade, acolhida e abrigo para aqueles que a traspassam de fora para dentro. Ele vem trazer a salvação, essa oportunidade para que todos e todas, sem exceção, possam desfrutar da liberalidade divina, da generosidade, que é doação contínua e pura graça.

Em seguida, Ele argumenta que "o ladrão vem só para matar, roubar e destruir" (Jo 10,10) mas que Ele, a porta aberta, vem para trazer vida, e vida em profusão, contínua, em abundância. Em nossa breve passagem terrena nos deparamos com tudo aquilo que aniquila a nossa capacidade de sermos felizes, mas também nos deparamos com inúmeras possibilidades de acesso à porta, que está aberta e nos convida a entrar. Então, é a nossa vontade, livre e consciente, que nos leva a fazer escolhas e direcionar nosso caminho à porta aberta, ou desviar dela. Ela está ali, não vai sair de lá, mas nós podemos atravessá-la ou não, só depende de nós.

Oração

Senhor, que a sua graça direcione os meus passos pelo caminho que leva à porta aberta da sua salvação e que minha travessia seja a do encontro com o seu amor. Amém!

"Se algum de vós tiver um amigo e for procurá-lo à meia-noite e lhe disser, 'Amigo, empresta-me três pães, pois um amigo meu chegou de viagem e não tenho nada para oferecer'" (Lc 11,5-6)

Refletindo

"Amigo é coisa pra se guardar debaixo de sete chaves dentro do coração", já entoa o poeta, falando da preciosidade que é ter uma amizade, companheiros e companheiras que tornam a vida mais leve, mais prazerosa, alguém com quem podemos contar nas horas boas e nas horas difíceis, que está ali, mesmo que não se diga nada, ou mesmo que se diga tudo.

Dentro dessa perspectiva, o amigo que procura à meia-noite tem essa liberdade, tem intimidade; mas, ainda assim, não deixa de ser inconveniente em função do avançado da hora. No entanto, Jesus vem dizer que Ele é esse amigo que se deixa ser importunado a qualquer hora, que está ali "para o que der e vier". É essa imagem da amizade, da partilha da existência que Jesus oferece como reencantamento da vida.

Jesus nos convoca a uma desterritorialização, um deslocamento em direção ao outro, pois o mandamento do amor é concreto, uma prática da espiritualidade de forma tangível, fértil, que semeia afeto, de forma universal e gratuita, com engajamento total, sem nenhuma distinção, tal qual o amor divino, esse amor absolutamente desinteressado, que é o próprio Deus em sua essência. É um amor que rompe com os paradigmas terrenos.

Oração

Senhor, aqui estou diante de Vós e quero viver minha vida na vossa amizade, aninhada no colo que me ofereces, de forma tão gentil, e assim me permitir afetar e ser afetada pelos meus irmãos e irmãs, reinventando novas formas de estar, de compartilhar, de me deleitar nos encontros, nas amizades. Amém!

"Na verdade, eu vos digo, quem crê tem a vida eterna" (Jo 6,47)

Refletindo

Como trazer o eterno no momento presente? Como ontem, hoje e amanhã se conectam num agora? Em um começo, meio e recomeço. A vida eterna é uma vida com profundidade e excelência, que transcende o que muitas vezes a opacidade do cotidiano desvela desafortunadamente. É a vivência de uma forma que seja a realização de um bem que passa, necessariamente, pelos afetos, e que já nos faz partícipes da própria vida de Deus. Esse eterno começa agora, perpassa a existência e perdura numa nova vida.

O que Jesus nos pede é uma adesão, no sentido de uma desapropriação de nós mesmos, e do reconhecimento de que essa vida é possível e está ao nosso alcance na pessoa do Filho de Deus, uma vida que encontra a paz, já que nela toda a angústia da dúvida se esvai. É um viver em colaboração com a criação, que exime toda a apropriação predatória, mas abre-se para uma relação harmoniosa com a natureza, enxergando-a como uma mãe nutridora, e não um recurso a ser explorado.

O eterno está na mobilidade, na intensidade da vida que se opera nos atos, uma existência integrada, colaborativa e amorosa, que ultrapassa as vicissitudes do tempo, de tudo o que limita, resplandecendo no agora da história e de forma permanente através da fé em Cristo e na certeza de suas promessas.

Oração

Senhor, eu creio em ti e peço continuamente que sustentes a minha fé, que é pequena, instável, mutante, mas que quer ser aperfeiçoada sempre mais para que eu creia verdadeiramente e possa ter a vida eterna. Que eu seja atraída pelo teu amor, Senhor, e que geres em mim a capacidade de crer no novo que vem e há de vir. Amém!

"Assim também, a vontade de vosso Pai Celeste é que não se perca nem um só destes pequeninos" (Mt 18,14)

Refletindo

Jesus está mais uma vez no belíssimo universo das parábolas, narrativas que têm sentido em si mesmas nas quais se compara uma situação à realidade, com o intuito de comunicar um ensinamento, o anúncio do reino de Deus. Sendo assim, mesmo que ainda hoje as pessoas se escandalizem com a verdade das palavras de Jesus e queiram formar guetos, excluindo, estigmatizando, julgando e moralizando, Ele diz claramente que o reino é para todos, e que há uma preocupação principalmente com os mais vulneráveis, marginalizados e, nesse sentido, com os pequeninos.

Andando na contramão da vontade de Deus, o estéril cumprimento de regras e rubricas tem se sobressaído em detrimento da compaixão, da solidariedade e do amor. O avanço de um moralismo em nome de Deus contraria a vontade divina, que se expressa claramente a favor da misericórdia, e não de sacrifícios, conforme diz o Profeta Oseias (Os 6,6). Todos são importantes, uma ovelha é tão importante quanto o rebanho das noventa e nove que não se perderam. Resgatar essa ovelha é a atitude do pastor que conhece e se importa com cada uma delas e vai ao seu socorro.

Atitude diferente não se espera dos pastores, dos que estão à frente de um ministério, de uma missão. Que desçam dos pedestais de poder, do instituído coercitivo, e que se expandam em direção ao povo, às ovelhas perdidas, que não reproduzam sistemas de opressão, mas que viabilizem sistemas de libertação.

Oração

Senhor, que eu tenha ouvidos e escute a vossa vontade e saiba realizá-la. Peço-vos também por todos os líderes e dirigentes, para que eles deixem de se colocar no centro e com superioridade, mas que tenham interesse por todos e cada um, sem distinção. Amém!

"Não se perturbe o vosso coração. Credes
em Deus, crede também em mim"
(Jo 14,1)

Refletindo

Como é difícil abandonar-se, como é difícil despojar-se do controle, como é difícil enfrentar as contradições, as contrariedades, as dificuldades. Queremos uma vida sempre estável, certinha, previsível, e quando algo nos desloca dessa falsa estabilidade nos deparamos com a angústia, o medo, o desespero da incerteza. E é justamente por compreender essa nossa fragilidade que Jesus anima nosso espírito dizendo que Ele não irá nos abandonar, Deus nos quer pertinho.

Jesus não quer um coração desassossegado, mas, ao contrário, quer um coração que tenha paz, que carregue certezas, que toda a interioridade humana, emoções e afetos, que esse centro vital, experimente a contemplação e opere a virtude da fé, lugar do encontro da criatura com o seu Criador.

Jesus, como uma fonte inesgotável que renova cada um e cada uma, nos chama ao encontro, essa experiência pessoal de aprofundamento, que vai da incredulidade à crença, em uma perspectiva que nos faz viver mais e melhor, que afasta o temor, mesmo diante dos abismos da incompreensão de alguns eventos que nos devastam. É um modo de caminhar lado a lado, mas também sempre em frente, na certeza de que somos amparados e que o melhor nos espera.

Oração

Senhor, no recôndito do meu coração eu me entrego à vossa graça e vos louvo por todo o bem que me trazes, pela paz que a vossa misericórdia me faz experimentar. Que na vulnerabilidade da minha existência eu encontre a certeza do vosso amor e que minha fé se renove a cada dia, transpondo tudo que possa nos separar. Assim seja! Amém!

"Pedi e vos será dado; buscai e achareis; batei e vos abrirão" (Mt 7,7).

Refletindo

Pedir é uma ação, um gesto, uma decisão, uma iniciativa que tem a ver com a esperança, e a esperança é o princípio da fé. Pedir com fé e esperança traz certezas de que portas de soluções irão, sem dúvida, se abrir; então, o que se espera acontecer vai na verdade se realizar, e os passos no caminho da busca fazem acreditar nas potencialidades que habitam cada ser humano. Pedir é a oração persistente e intensa que nos atira no colo de Deus para superar dificuldades e ter consolação. Pedir é beber na fonte do amor e da plena confiança. Um filho, uma filha, pedem e a paternidade e maternidade sagrada respondem e atendem.

Esse belo trecho do Sermão da Montanha tem uma tríade fabulosa de verbos: pedir, buscar e bater. Pedir com insistência é acreditar que haverá uma resposta de amorosa doação. O ser humano pede e Deus pode até demorar, mas dá. Buscar é lançar-se em direção ao sagrado e ter a certeza de que será encontrada a razão da procura. Bater com incansável pertinácia é saber que a porta se abrirá para trazer as respostas necessárias. Tudo isto faz parte de uma dinâmica jornada espiritual. É a beleza da procura de Deus em meio às tramas da vida quando parece que nada vai dar certo. Esse versículo de Mateus é um movimento de persistência, um sonho sonhado, e Deus falando no incansável olhar, nas estradas, nas lágrimas e na alegria de quem crê e gera, com Deus, uma história de salvação.

Oração

Senhor, eu creio que o que peço será dado, encontrado e aberto. Que minha fé seja encontro de pura generosidade e oferenda de graças. Eu creio no encontro com o absoluto presente em minha vida, numa luminosa trilha que me leva a ti. Amém!

Palavra que acolhe, cura e conforta

Moema de Miranda

"Não são os que têm saúde que precisam de médico, e sim os enfermos" (Lc 5,31)

Refletindo

As primeiras imagens atualmente disponíveis de Jesus de Nazaré estão gravadas nas catacumbas de Roma, onde cristãos e cristãs se reuniam antes mesmo de o Cristianismo se tornar a religião do Império Romano. Nas paredes daquelas igrejas domésticas, as comunidades cristãs guardavam cenas que tocavam sua alma. Nelas, Jesus é retratado como o Bom Pastor, carregando uma ovelha ou em passagens de cura e cuidado relatadas nos Evangelhos: a cura da mulher hemorroíssa; a ressurreição de Lázaro; a cura do paralítico. Em nenhuma delas se apresenta algo parecido com o Rei ou o Pantocrator. Em muitas dessas cenas, nós, mulheres, estamos juntas ao Mestre, que Maria Madalena e outras mulheres viram como Jardineiro, após sua ressurreição. É Jesus que cura, consola e tem palavras de vida.

Rever essas imagens e rezar com elas nos aproxima da suavidade e da compreensão que Jesus teve das dores humanas, tanto quanto de sua sensibilidade para com todos os seres criados: recupera as ovelhas perdidas, acalma tempestades, aprende com os lírios, admira os pássaros. Vemos Jesus, que atendeu às necessidades mais urgentes do povo das regiões por onde passou. Terras que hoje testemunham dor e morte. Terras que, também naquele tempo, viviam sob a ameaça de poderes despóticos. Jesus, um camponês da Galileia, um mestre, um curador de corpos e de almas. Jesus, que se aproximou de nós, que temos dores, angústias e aflições: que adoecemos e queremos, ao ser acolhidas e saradas, seguir com Ele pelo caminho no qual constrói seu reino de ternura, paz e bem, aqui, na terra dos viventes.

Oração

Jesus, meu querido mestre, acolha as dores, as feridas e o cansaço da caminhada. Tranquilize as angústias destes tempos inquietantes. Confio a você tudo o que tenho e que sou. Quero seguir seu caminho. Me ajude a perseverar. Amém!

"Pai, perdoa-lhes porque não sabem o que fazem" (Lc 23,34)

Refletindo

Perdoar é caminho. É um percurso longo. E, como o viver, é impreciso e difícil. Perdoar é o resultado de uma vida de amor. Quando Jesus chega ao termo de sua jornada na Terra, quando enfrenta as mais profundas experiências de dor, traição e incompreensão, nos deixa esta lição e este ensinamento: perdoar é um ato sagrado, que nos aproxima do coração de Deus. Em sua trajetória pela Judeia e pela Galileia, Jesus surpreendeu ao perdoar pecados humanos. Foi motivo de inquietação entre os contemporâneos, que Ele se colocasse nesse ponto tão alto, reservado ao Filho do Homem: perdoar nossos pecados. Mas, na Cruz, no Gólgota, ao viver o calvário em seu próprio corpo, Jesus nos dá a lição mais profunda, desafiante e, também, a que mais pode gerar serenidade: nos ensina a não deixar que as dores que nos são infringidas se transformem em mágoas em nosso ser. Mágoas, isto é, má-águas, são águas paradas, sem vida, que acumulam lodo, ressentimento, impedimentos de felicidade e de bem viver.

Perdoar não significa esquecer, nem deixar de lutar pela justiça. Perdoar não é aceitar a impunidade dos que causam morte, sofrimento e dano aos seres humanos e não humanos. O perdão é fruto de um delicado discernimento espiritual, que se alimenta do sentido crítico e da indignação diante da injustiça. E, ao mesmo tempo, apura nosso olhar para as causas mais constitutivas dos erros e dos males deste mundo. Mas, fazendo isso, perdoamos quando não retemos em nós ódios ou rancores. Perdoar cura nossas dores mais sentidas, fortalece nossos laços e alianças com a comunidade da vida e nos indica o caminho da paz.

Oração

Senhor, querido Deus de amor, quero te seguir no caminho do bem-querer e do perdão. No caminho da serenidade e da não violência. Tu, que és Misericórdia, enches com tua luz os recantos escuros em que acumulo mágoas e ressentimentos. Abro todo meu ser ao teu amor e ao teu perdão. Amém!

*"Eu vos digo que também no céu haverá
mais alegria por um pecador que se
converte do que por noventa e nove justos
que não necessitam de conversão"*
(Lc 15,7)

Refletindo

A primeira vez que ouvi uma reflexão consistente sobre a Parábola do Filho Pródigo, estava reunida com um grupo de base do qual começava a participar. O padre, antes de sua apresentação, perguntou com qual dos dois irmãos cada um de nós mais se identificava. Lembro que fiquei meio impressionada de ser a única "filha pródiga" entre pessoas que tinham errado tanto menos do que eu, caminhante de longas buscas. Tivemos, a partir daí, um diálogo marcante e fraterno, uma vez que os que sempre estiveram ao lado do Pai tendem a não compreender aqueles que erraram e que buscam recomeçar. A experiência de descaminho causa dores nos que ficam, não resta dúvidas. Toda a família, toda a comunidade sente a lástima das ovelhas perdidas. Mas posso testemunhar que aqueles que nós perdemos passaram por vales de sombra e lágrimas imensamente escuros e dolorosos. A conversão, o caminho de volta para casa, muitas vezes é um percurso longo. Que bênção ter em Jesus, o que nunca pecou, um companheiro do bom retorno.

A conversão, o encontro ou "re-encontro" com o caminho do bem, vincula espiritualmente céu e terra: mostra uma dimensão da ancestralidade presente no cotidiano. Aproxima os que nos antecedem na eternidade àqueles que, aqui na terra dos viventes, podemos festejar o retorno após se afastarem. Acolher os que se perdem no seu processo de busca e de retorno ou ter a coragem de voltar, quando somos nós que nos extraviamos, são dimensões complementares de um mesmo projeto de amor.

Oração

Jesus querido, continua a confortar os perdidos, indicando teu reino de amor e bem-querer. Perdoa, com ternura, os muitos descaminhos que precisamos percorrer até descansar no teu amor. Amém!

"Eu vos garanto, todas as vezes que fizestes isso a um desses meus irmãos menores, a mim o fizestes" (Mt 25,40)

Refletindo

A Terra, este lindo "mundo que nos acolhe" (*Laudate Deum*, n. 22), abriga, quase desde o começo de sua existência, a vida. A terra mesmo, hoje sabemos, é um superorganismo vivo. O belo e longo caminho pelo qual a vida foi gerando vida e mais vida evidencia que o amor é sopro presente em todos os viventes. A empatia, a colaboração, a simbiose, a comensalidade permitiram uma epifania de complexidade, uma abundância de formas, de cores, de sabores em toda a criação. Na rede da vida, nós, seres humanos, somos fio que tece, entretece e que pode colaborar para a abundância. Assim, nos lembra o Papa Francisco que "neste universo, composto de sistemas abertos, [...] a liberdade humana pode prestar sua contribuição inteligente para uma evolução positiva, como pode também acrescentar novos males, novas causas de sofrimento e verdadeiros atrasos" (*Laudato si'*, n. 79). A desigualdade, a acumulação ilimitada de riqueza na mão de poucos, a exploração da terra e do trabalho, não são inevitáveis. Não são intrínsecas ao humano. Por isso, além de nos causar indignação, a necessidade dos pequenos deve nos "co-mover" e nos mover na busca de veredas de partilha, de cooperação, de respeito e harmonia pelos limites do planeta.

Nos tempos em que vivemos, ao seguir o que Jesus praticou e ensinou, nos tornamos mais solidários e, ao mesmo tempo, mais rebeldes a seguir docilmente um sistema econômico que produz o empobrecimento de muitos e o superenriquecimento de poucos. Humanos e não humanos, somos companheiros de Jesus quando aceitamos seu convite de convivialidade, comunhão e bem viver.

Oração

Senhor Jesus, com São Francisco, lhe peço: "ilumine as trevas do meu coração" e me permita viver a "perfeita caridade" que sua presença entre nós ensinou. Permita, Senhor da Messe, que me sinta plenamente imersa na teia da vida, com todos os seres que você criou com amor e nos quais infundiu o seu sopro de bem-querer! Permita-me, peço-lhe, com todas as criaturas, entoar a você um canto de louvor. Amém!

"Eu sou a videira, vós os ramos. Quem permanece em mim, e eu nele, dá muito fruto; porque sem mim nada podeis fazer"
(Jo 15,5)

Refletindo

A solidão, o isolamento e a fragmentação individualista, autorreferencial, marcam o adoecimento das sociedades contemporâneas. São a contraface da imersão acrítica no ecossistema digital: pertencemos a bolhas; nos relacionamos com pessoas mediados por telas; nossos filhos aprendem a navegar, antes de saber andar; sobre-expomos nossa vida privada na versão mais vendável, que se converte em mercadoria de desejo dos outros. Retroalimentamos a desconexão quando imergimos sem pensar, sem decidir, sem discernir e ponderar nas redes que têm aparência social e alma econômica. Hoje, mais do que nunca, precisamos desenvolver uma educação dos nossos sentimentos, o contato conosco e a capacidade anímica de integrar nossas sombras e o que nos assombra na dimensão de nosso sentir-pensar. Essa é uma expressão muito importante, desenvolvida a partir das experiências vivenciais de camponeses colombianos: sentir-pensar. A partir dessa prática integrativa, vamos aperfeiçoando a compreensão de que fazemos parte de um corpo maior. De que mesmo nosso corpo, em sua dimensão física, se faz com diversos outros hospedeiros, presentes, por exemplo, em nossa flora intestinal. Nosso corpo, feito de simbioses, corpo híbrido, nos conecta à rede da vida.

E aí, nestes tempos de solidão adoecedora, Jesus volta a nos falar, com imagens comoventes, sobre a urgência de reconhecermos, valorizarmos e cultivarmos com Ele conexões vitais. Estando ligados a Ele, somos ramos de videira que produz frutos de bem. Assim, nós fazemos corpo com aquele que estava antes de tudo e pelo qual tudo se fez. O amor é a força que santifica e sacraliza todas as dimensões da criação. Nesses tempos de desencantamento, a conexão com Jesus, vivenciada na comunhão e na partilha com os companheiros, os que partilham o pão, é caminho que salva da solidão, cura feridas do corpo-alma e dá sentido ao viver.

Oração

Jesus, videira abundante de vida, receba-me como parte da linda teia de amor com que tece o universo. Cure as dores que a solidão e o egoísmo deixaram em mim. Me ajude a amar sempre, sempre mais, dando frutos de bem. Amém.

"Não são os que têm saúde que precisam de médico, e sim os enfermos. Não vim chamar os justos, mas os pecadores"
(Mc 2,17)

Refletindo

Nos tempos e nos caminhos pelos quais Jesus andou entre nós, os sentidos de saúde e enfermidade tanto quanto os de pecado e salvação eram, certamente, como agora, marcados pelo tempo e pelo lugar. Em um mundo não moderno, o tecido da realidade amplia em muito a presença e a interação entre seres de diversas dimensões. Os anjos, os demônios, os espíritos dos mortos; tanto quanto as árvores, as montanhas e seus espíritos sagrados; os horários dos dias e das noites; são todos intensamente povoados por uma espécie de diálogo entre o que, nas sociedades modernas, se entende como natural e sobrenatural. Para muitos povos indígenas, como para os contemporâneos de Jesus, a cura do corpo supõe a sanação da alma. Corpo-alma são aspectos dos viventes, mas não são entidades isoladas. Não há entre eles uma dualidade, um dualismo. Ali, diferente do Ocidente, o mundo não deixou de ser encantado. Por isso, é muito interessante retomar o versículo do Evangelho registrado pela Comunidade de Marcos, em que Jesus se apresenta, simultaneamente, como médico para os enfermos e salvador para os pecadores. Aqui, o pecado é o que nos afasta da vida plena: o que nos aprisiona, frustra ou violenta. O que nos separa da sanação/salvação.

Saúde e salvação têm origem comum. "A palavra salvação tem sua origem no grego *soteria*, transmitindo a ideia de cura, redenção, remédio e resgate; no latim *salvare*, que significa 'salvar', e também de 'salus', que significa ajuda ou saúde." Jesus nos cura das dores/doenças que atitudes de pecado, de fratura, geram e mantêm em nosso corpo-alma. Uma compreensão mais complexa, mais profunda e mais densa da saúde nos aproxima da prática e do cuidado de Jesus com as atitudes de pecado. E nos ajuda a sermos também, como seguidoras de Jesus, cuidadas e cuidadoras.

Oração

Jesus, confio a ti minhas dores de corpo-alma. Que a confiança na tua presença entre nós me ajude a ser cuidadora e cuidadosa com as dores do mundo a que tanto amas! Amém.

"Quem quiser ser o primeiro, seja o escravo de todos" (Mc 10,44)

Refletindo

São Francisco de Assis, nosso Pai, foi considerado desde muito cedo na tradição cristã como o "Alter Cristo". Em muitos conventos e igrejas franciscanas, a imagem da mão de Francisco com o estigma está entrecruzada com a de Cristo crucificado. São muitíssimos os aspectos nos quais Francisco foi capaz de modelar sua vida, seu ser, seu corpo, suas palavras e seu comportamento ao ser crístico de Jesus de Nazaré. Talvez um dos aspectos mais desafiantes nesse espelhamento – em todos os tempos e não menos agora – é seu ideal de minoridade. O ser menor e, portanto, servidor, faz do seguidor de Jesus um pleno cristão. Na imensa maioria das sociedades, a busca de reconhecimento e, a partir daí, de glória e honra marca o sentido de êxito social. Não por outro motivo, nas sociedades capitalistas, o sucesso econômico é a medida do valor de cada pessoa. Como humanos, todos temos necessidade de reconhecimento e pertença. Somos seres de convívio, partilha e simbiose. Quando o reconhecimento social se limita aos "maiores", todos se espelham no modelo dos vitoriosos. Jesus nos indica algo imensamente grande, revolucionário mesmo, ao pedir que abdiquemos de ser grandes para sermos amados e participantes de seu reino de amor e bem-querer.

Colocar-se a serviço no sentido mais profundamente cristão, tal como vivido por São Francisco, não é uma atitude de ascese, de autopunição ou boicote de si mesmo. Não é desmerecimento ou autorrejeição. Ao contrário. Servir e se colocar no lugar dos menores é deixar-se modelar pelo sentido mais crístico da presença de Jesus entre nós. Francisco e Clara de Assis, com sua vida, nos ajudaram a ver que esse é um ideal de santidade pelo qual podemos almejar. Para chegar a esse lugar, podemos dócil e ternamente nos deixar conduzir por Jesus mesmo. Francisco e Clara nos acompanharão!

Oração

Jesus, querido, ensine ao meu coração a sua mansidão. Com Francisco e Clara, me conduza ao caminho da minoridade e ao serviço do bem! Confio em você. Amém!

"Deixai vir a mim as crianças e não as impeçais, pois o reino de Deus é daqueles que são como elas" (Mc 10,14)

Refletindo

A chegada a este mundo, o ser dado à luz, o nascimento, marca um momento de maravilha inigualável. Filhas, filhos, filhotes, brotos inspiram ternura. Nós, seres humanos, diferentemente dos outros mamíferos, chegamos necessitados de grande cuidado e atenção: não conseguimos segurar nossa cabeça sozinhos e demoramos a ter autonomia para caminhar ou comer. Muitos especialistas dizem que esse nascimento prematuro foi fundamental para o desenvolvimento da espécie: os cuidados exigidos dos pais e dos parentes ajudaram a criar comunidades e a manter profundos vínculos de afeto intergeracionais; contribuíram para a extensão e a complexidade da linguagem humana; facilitaram a criação da cultura, dos cultos, da religiosidade. Enfim, chegarmos doce e fragilmente ao mundo, termos infância, foi um dom imenso para nossa espécie. Nos tempos de Jesus, a infância não tinha um grande valor social. Por isso, o chamado de proximidade feito às crianças surpreendeu seus amigos a ponto de ficar registrado nas memórias da comunidade de Marcos que, depois, se transformaram em Evangelho, em Boa-nova.

Jesus abre espaço de acolhimento para as crianças, como fez com todos os outros seres frágeis ou desmerecidos em seu tempo: mulheres, publicanos, enfermos, pecadores. Mas foi mais incisivo quando disse que as crianças, os humanos chegantes, pequenos e suaves, são os que indicam o modo de ser do reino que almeja para todas as criaturas. Um reino de aprendizado, humildade, alegria e abertura ao novo. Que importante aprender com Jesus a acolher todas as crianças, todos os chegantes, com gestos de ternura, cuidado, celebração e bem-querer!

Oração

Deus de amor, gentil, terno e querido criador e salvador, te agradeço pela infância. Te peço de todo coração que cuides das crianças hoje e a cada dia. Que ajudes seus pais, parentes e professores a proteger, acolher e aprender com elas, com amor e alegria, os desejos de paz e bem que nos trazem! Amém!

> *"Se teu irmão pecar, vai e censura-o pessoalmente. Se ele te ouvir, terás ganho teu irmão" (Mt 18,15)*

Refletindo

As relações de fraternidade e sororidade, de irmandade entre mulheres, são uma força de amor inigualável. Muitos filósofos e filósofas refletiram sobre seu sentido profundo, que supõe, estimula e tece vínculos amorosos capazes de desafiar diferenças e distâncias, gerando a proximidade indispensável às relações libertadoras. As conexões de amizade entre mulheres – em sociedades patriarcais como as nossas – supõem um empenho consciente na superação de estereótipos que aprisionam e muitas vezes limitam laços de ternura. A amizade favorece e se alimenta de elos de reciprocidade distintos dos que nos ligam aos pais ou aos filhos. Os nexos entre irmãos, entre irmãs, sustentam comunidades e sociedades baseadas na confiança, na partilha, no crescimento mútuo, sobrepondo-se aos estímulos de competição pelo amor e reconhecimento dos pais. Na tradição judaica e na cristã, o fratricídio, a desavença fatal entre Caim e Abel, deixou marcas decisivas. Jesus tinha grande intimidade com essas narrativas e com as reflexões que elas inspiravam. Por isto, indica com tanta clareza que o reconhecimento dos pecados – do que tememos em nós, queremos esconder ou não conseguimos ver – para um irmão, sem com isso romper o afeto, é o ponto mais alto da confiança fraterna.

Vivemos tempos nos quais as amizades virtuais, a intensidade da imersão na dimensão digital da realidade, tornam mais difíceis as afinidades consistentes, ou seja, as relações de fratria que nos ajudam a amadurecer como pessoas e como cristãos, as conexões que acolhem as nossas faltas, nossas dificuldades, erros e descaminhos. Estejamos, no seguimento de Jesus, dispostas a vivenciar experiências de intensa partilha, de amizade sincera. Sejamos rebeldes: sejamos amigas!

Oração

Jesus, meu irmão querido, contigo quero aprender o dom da amizade. A ti agradeço imensamente pelos amigos e amigas com os quais caminho, tecendo laços de amor e bem-querer. Cuida de nós! Amém!

"Ninguém tem maior amor do que aquele que dá a vida por seus amigos" (Jo 15,13)

Refletindo

Vida, amor e doação parecem formar em Jesus uma espécie de triângulo místico-experiencial que revela e embala o sentido de sua mensagem. Para os seres que habitam o planeta Terra, a vida é o que há de mais precioso, o que torna possível nossa existência, nossa estadia. Nos tempos atuais, que conformam o que Papa Francisco chamou de um "mundo sombrio", ameaçados que estamos pelo colapso ambiental, pela violência e pela guerra, é fácil esquecer que a vida é doação. Que vivemos por doação pelo que nos foi dado, por aqueles que nos antecederam e por aqueles que nos receberam. Hoje sabemos que no corpo humano apenas 10% das células são exclusivamente humanas: todas as demais são compartilhadas com outros seres com os quais coabitamos a Terra. Neste planeta incrivelmente maravilhoso, foi o amor, e não o medo, que permitiu a complexidade crescente, a festa da vida, a efusividade do ser, que superou o nada e fez do caos o início do cosmos. Os nexos de simbiose e reciprocidade, o equilíbrio entre o dar e o receber sustentam relações libertadoras entre humanos e não humanos. Dar a vida, dar-se em vida, não deveria implicar martírio ou morte. Jesus deu-se para que ninguém mais precisasse sofrer dor semelhante.

Aprender com Jesus, em gestos cotidianos de doação, faz de nós não exatamente mais "humanos", mas certamente mais jesuânicos. Desafiar as forças que impedem e brutalizam a vida, sendo nós mesmos fonte de amor, ternura e luta por justiça, nos aproxima de Jesus e faz de nosso viver um hino de louvor a Deus e de harmonia com a comunidade da vida.

Oração

Jesus, que sofreu a imensa dor de uma morte prematura, violenta e injusta, ajuda a que nosso viver seja marcado pela conversão ao seu amor. Que eu possa lhe seguir com gestos cotidianos, próximos, sinceros de amor e de compromisso com a justiça e o bem comum! Peço-lhe, Senhor Jesus! Amém.

"Tudo que desejais que os outros vos façam, fazei-o também vós a eles" (Mt 7,12)

Refletindo

Somos seres desejantes. A vida se faz no mar, na terra e nos céus, pelo desejo crescente de viver. Pelo ânimo, sopro vivificante, pelo impulso vital que, como cristãos, aprendemos com os primeiros versos do Gênesis, vem de Deus. Como sopro e palavra, seu espírito, sua *ruah* pairava sobre o caos originário, gerando cosmos, ordem de vida. Desejar mantém a vida presente em cada vivente: nos alimentamos, descansamos, compartilhamos e amamos movidos pela ação desejante que pulsa em nós. Uma compreensão equilibrada e generosa da vida nos permite vivenciar o desejo de um modo não egocêntrico ou reduzido à satisfação de necessidades primárias. Nos inspira a entrar em um fluxo generoso de reciprocidades, de afinidades e simpatias. Muitas vezes, no entanto, a compreensão de desejo foi diminuída, adulterada ou limitada a uma dimensão moralizante, centrada em noções distorcidas de pecado ou despotencializadora do elã da vida, do Eros vital. Jesus, ao contrário, usufrui alegremente a vida, o viver, a companhia dos amigos e amigas, as paisagens, as experiências vitais. Podemos ler sobre Jesus em festas, em almoços, em passeios, em um olhar gentil para pássaros, figueiras e lírios. Mas, ainda mais, vemos em Jesus o colocar-se em doação, em atenção, em cuidado. Em dar o passo inicial de bem-querer, de cura, de salvação, de Boa-nova.

Acompanhar Jesus nos inspira a, como Ele, estabelecer, a partir de nós mesmos, as relações e as emoções que desejamos suscitar no mundo. Sermos nós promotores de paz, tecedores de bem-querer, inspiradores de generosidade e ternura. Que comece em cada um de nós o gesto de amor que desejamos, porque desde sempre já fomos amados por aquele que nos chamou à maravilhosa experiência do viver.

Oração

Deus de Amor, como dizia São Francisco, Tu és o "Altíssimo, Onipotente e Bom Senhor". De ti me vem tudo o que mais profundamente desejo. Ajuda-me a ser fonte de ternura e paz, alimentada e animada pelo teu infinito amor. Amém!

"Amarás o próximo como a ti mesmo"
(Mt 22,39)

Refletindo

Provavelmente esse versículo de Mateus está entre os mais conhecidos, lidos e estudados na bimilenar história cristã. Retoma um ensinamento central da tradição judaica e que Jesus seguiu com radicalidade, isto é, buscando o sentido de raiz, o sentido mais visceral, do mandamento que não poderia se reduzir a um *slogan*. Vivemos tempos de tamanha transformação, que voltar a sugerir uma aproximação desse ensinamento nos exige repensar cada termo da oração, talvez começando por perguntar "quem é o 'próximo'?" Se proximidade também supõe distância, de que afastamento estamos falando? A que proximidade se referia a tradição religiosa e cultural na qual o versículo foi concebido? Nilton Bonder, um conhecido rabino do Rio de Janeiro, em artigo de 2014, publicado no jornal *O Globo*, temia que agora o "próximo" fosse, principalmente, o seguinte na fila de um caixa de supermercado ou de qualquer outro atendimento. O atendente chama: "o próximo". E todos nós queremos ser o próximo, quando a fila é grande. Mas, dizia ele, o próximo pode, nas sociedades do espetáculo e da *rapidização*, nos levar a tirar a atenção do presente: do que está em presença. Pode, também, limitar nossa empatia aos que habitam, nas redes sociais, as mesmas bolhas que nós. Explica por que os que dormem nas calçadas pelas quais passamos cotidianamente estão a uma distância infinitamente maior de nós do que os avatares ou os amigos virtuais, com quem nos engajamos em curtidas ou com quem compartilhamos jogos.

Talvez esse seja um versículo sobre o qual não se pode pensar seriamente com poucas palavras ou pouco tempo. Ele abre a Caixa de Pandora de muitos desafios, entre os quais não é menor o de saber quem somos "nós mesmos". De toda forma, assumo a proposta de Nilton Bonder ao final de seu artigo: nestes tempos, talvez seja necessário que nós "amemos o próximo mais do que a nós mesmos".

Oração

Senhor, Deus de amor, quero me aproximar sinceramente das dores do tempo presente. Quero, em tua presença, me deixar tocar e aprender de ti esse imenso amor a que te referes. Não deixes, Deus meu, que eu simplifique o imenso desafio de ser cristã: de amar a mim, incluindo minhas sombras e limitações, e amar aqueles que se aproximam, em tua presença e no presente. Amém.

"Vinde a mim vós todos, que estais cansados e sobrecarregados, e eu vos darei descanso" (Mt 11,28)

Refletindo

Misericordioso é o Deus que se ocupa do nosso cansaço, da nossa sobrecarga. Jesus, caminhando pelas estradas e montanhas, atravessando os rios e os lagos da Palestina, vivenciou o quanto pesam as cargas, especialmente, quando a estrada é longa e acidentada. A encarnação de Jesus, segundo a tradição franciscana, não se explica ou justifica pelos muitos pecados humanos. Está baseada na decisão livre de Deus, movido por amor, já no princípio dos tempos. Jesus, plenamente humano e plenamente divino, vivenciou carnalmente a "dor e a delícia" de ser humano. Não era um avatar de deus, vivendo em aparência humana. Era Deus mesmo cabendo na humanidade que peregrina, ri e chora. Um Deus que sente cansaço, pode acolher em si, nosso desânimo.

O chamado de Jesus para descansarmos nele é ainda mais comovente nestes tempos em que a "sociedade do cansaço", como define o filósofo Byung-Chul Han, estimula a que cada um de nós seja empresário de si mesmo, virando o capataz que não permite descanso. Segundo ele, o capitalismo contemporâneo introduziu em nós uma autoexigência ininterrupta, sem distinção entre tempo de trabalho e tempo de lazer; empreendendo a nós mesmos até o ponto de estarmos consumidos, como palito de fósforo que se esgota no cumprimento de sua função: em *burnout*.

Confiar nossas cargas e nosso cansaço a Jesus implica um contato sincero conosco: o aprendizado humilde dos limites; o entendimento gentil do deixar-se cuidar; a sabedoria de admitir o próprio cansaço como parte saudável de nosso caminhar, e não como fracasso ou derrota. Aprender a descansar é hoje tão vital quanto desenvolver a capacidade de enfrentar frustrações, desilusões e desgostos. Viver é caminho e caminho se faz de passo e de não passo.

Oração

Recebas, Jesus, meu cansaço. Descanso no conforto do teu amor. Amém!

"Eis que eu estou convosco, todos os dias, até o fim do mundo" (Mt 28,20)

Refletindo

O tema e o temor do fim do mundo talvez nunca tenham estado tão presentes no nosso cotidiano quanto no tempo presente, o Antropoceno. Essa é a era na qual os humanos se tornaram um fator geofísico, que afeta e ameaça toda a estrutura da Terra: planeta onde couberam todos os mundos humanos que conhecemos. Mais ainda, onde habita toda a vida a que pudemos ter acesso, todos os céus e terras de que ouvimos falar, aos quais viajamos em sonhos e que os visionários visitam muitas vezes. Quando João, nos anos 90 da Era Cristã, na Ilha de Patmos, escreveu o livro que foi canonizado com o nome de Apocalipse, sendo o último a integrar a Bíblia Cristã, dava continuidade ao duradouro movimento apocalíptico. Esse percurso antecedeu em mais de 300 anos os tempos de Jesus, que teve profunda sintonia com os horizontes e a rebeldia ao império que o caracterizava. O Apocalipse Cristão, como muitos livros e narrativas semelhantes de outros povos, é um livro de esperança e confiança na justiça e na paz. O fim de um mundo de opressão, de injustiça e de violência, o mundo do império, será seguido por outro. Pelo mundo que terá novo céu e nova terra, aqui mesmo, na terra dos viventes. Um mundo ao qual seremos conduzidos pela não violência do Cordeiro que traz a marca da degola.

Portanto, quando Jesus promete que estará presente cotidianamente ao nosso lado até o final do mundo, fala de algo muito sério: promete nos acompanhar em nossas lutas por construir "outro mundo possível". Mundo com um "rio de água da vida" (Ap 22,1), onde há serenidade, inclusividade e amor. Nos tempos em que vivemos, nos quais por vezes parece mais fácil acreditar no fim de todos os mundos do que no fim do capitalismo, a promessa de Jesus fortalece nosso compromisso e sustenta nossa esperança na chegada de seu reino de amor e fraternidade. Que assim seja: *Maranata*!

Oração

Anjos do Senhor, por favor, nos guiem, amparem, protejam e orientem nos percursos perigosos pelos quais caminhamos com empenho para a construção de um mundo de justiça e paz. Mundo onde reinam Deus e o Cordeiro (Ap 22,3). Amém!

*"Quem crê em mim, como diz a Escritura,
do seu interior correrão rios de água viva"*
(Jo 7,38)

Refletindo

Jesus é um manancial de água límpida, pura, geradora da abundância da vida. Todo o seu percurso, os ensinamentos, as experiências, as palavras registradas nas memórias das comunidades de seus seguidores, suas discípulas, seus amigos revelam a suave intensidade de uma vida amorosa. A imagem do rio de águas vivas para expressar a profusão de amor e bem-querer, de acolhimento e cura, de atenção e ternura suscita em nosso coração e em nossa imaginação uma conexão forte e sensível. Sabemos que aqui na Terra toda a vida emergiu na água. Nós mesmos estivemos imersos nas águas uterinas dos corpos de nossas mães, antes de sermos dados à luz.

Podemos fazer um exercício de imersão imaginativa usando essa imagem: um rio límpido, que corre suave desde o alto da serra, banha um vale fecundo, cheio de flores, frutos, pequenos animais, que cantam com harmonia. Podemos imaginar que seja o amanhecer de um dia de sol sereno, suave, que aquece sem queimar. De admiradores da cena, vamos nos tornando participantes. Vamos chegando de mansinho, sentido o frescor da grama em que pisamos de pés descalços, sem deixar marcas. Sentindo o vento que sopra suave, passeando com prazer pelo nosso corpo. E aí, sentamos na beira do rio, com os pés na água. A água é fresca, mas não fria. É viva, alegre, "humilde, preciosa e casta", como a irmã de São Francisco. E aí, sentimos que a vida é boa. Jesus, então, chega e nos convida a, crendo nele, guardarmos esse rio de água viva em nosso coração. A estar em contato com Ele e a nos nutrir de sua gentileza sempre que a vida necessitar. Que seja assim, com a graça do bom Deus.

Oração

Jesus, fonte de amor e bem-querer, me acolhe no teu manancial. Creio em ti, mas te peço humildemente que aumentes a minha fé. Amém!

"Eu sou a ressurreição e a vida. Quem crê em mim, ainda que esteja morto, viverá"
(Jo 11,25)

Refletindo

De quantas vidas se tece nossa história? Com quantas vidas tivemos que contar para estar aqui, presentes, atentas, em caminho? Quantas ressurreições e quantos recomeços compõem a sinfonia da vida de cada uma de nós? Mulheres que vivem no século XXI – tanto as que chegaram no milênio passado quanto as que vieram no Antropoceno –, nós somos participantes de tempos de uma intensidade de mutações que nenhuma geração anterior experimentou. Quando lembramos de nossas avós, de seus sonhos, suas expectativas, seus desejos, seus horizontes, nos damos conta de quantos caminho elas abriram, e agradecemos. Ainda mais porque temos confiança de que, como ancestrais, continuam a nos guiar e proteger. Mas a vida delas, diferentemente das nossas, pode ser de repetição de modelos e padrões. Elas pertenceram a uma geração que ainda pode cumprir com as expectativas de seu tempo, com o que lhes foi ensinado formal e informalmente. Nós, não. Os modelos que recebemos não deram conta dos desafios que emergiram em nenhum dos aspectos de nossas vidas: nas relações conosco mesmas, com nosso corpo ou nosso intelecto; nos vínculos com nossos companheiros, com nossos filhos e filhas ou com nossos pais; no que esperávamos ou desejávamos com nosso trabalho ou nossos estudos. Para o bem e para o mal – pelas novas oportunidades, inimagináveis para as antigas gerações ou pelo impedimento delas –, tivemos que recomeçar! Foi preciso tatear, desconstruir-reconstruir, sem guia e muitas vezes sem bússola, no tempo em que a Terra entrava em ebulição: tudo mudando simultaneamente, em um grande *caosmos*.

É alentador saber que Jesus pode ser nosso guia e nosso fiador nesse percurso de nascimentos, mortes e ressurreições. Que estarmos vinculadas a Ele nos permite atravessar os desconfortos das tribulações, com uma confiança que traz serenidade: não estamos sós! Podemos arriscar, ir para águas profundas, se lançar para além das zonas de conforto. E recomeçar, porque Jesus mesmo nos inspira e nos resgata.

Oração

Jesus, manso e humilde de coração, Tu que me chamas à vida, acolhes minhas ansiedades nas travessias pelo Vale da Morte e me indicas o caminho da Ressurreição e do recomeço em ti e contigo. Amém!

*"Eu sou o bom pastor. O bom pastor dá a
vida por suas ovelhas" (Jo 10,11)*

Refletindo

Ovelhas são animais lindos. Povoam nosso imaginário, mesmo entre os que moram em cidades, com seu pelo enroladinho, a calma e a serenidade com que, supomos, caminham pelos campos. Nos últimos anos, os estudos sobre os animais têm dado passos incríveis ao compreender as múltiplas inteligências distribuídas pelas espécies que, há séculos, pensávamos que não tinham nada a ver com o desenvolvimento dos humanos. Começa, pouco a pouco, a ser superado o terrível engano filosófico de pensar que somos uma espécie especial, distinta ontologicamente de todas as demais. O caminho de "reconciliação com o mundo" (*Laudate Deum*, n. 69), proposto pelo Papa Francisco, deve também nos ajudar a compreender como a epifania que tivemos ao interagir com os animais e com as plantas foi fundamental para o que temos de melhor como seres humanos. Aprendemos com os pássaros que poderíamos voar e com os peixes que poderíamos nadar.

Jesus, um amante observador do mundo em que habitava, aprendeu com as ovelhas seu sentido de coletividade, de pertencimento a um grupo, a uma comunidade, que as ajuda a superar limitações de audição, olfato e visão; bem como sua memória destacada, que favorece laços e vínculos fortes. Jesus se apresentou a nós como o Bom Pastor, o que cuida amorosamente de suas amigas, as ovelhas. Mas Ele foi, também, o Cordeiro. O que se deu, o que se doou. O Cordeiro que, tendo as marcas da agressão fatal sofrida, se tornou o Príncipe da não violência, o Senhor da Paz! Quanto a aprender com o mundo da vida, em que participamos da festa da existência em uma comunidade de destino.

Oração

Jesus, Cordeiro amoroso, quero seguir tuas pegadas no rastro de amor e de não violência que espalhaste pelo mundo! Ajuda-me, para que eu não me perca e não esmoreça. Amém!

Referências

BÍBLIA SAGRADA. 6. ed. Petrópolis: Vozes, 2007.

BOFF, L. Como irrompeu na evolução o Homem Novo. *Leonardo Boff*, [*s. l.*], 2012. Disponível em: https://leonardoboff. org/2012/04/02/como-irrompeu-na-evolucao-o-homem-novo/. Acesso em: 21 mar. 2025.

BONDER, N. Quem é o próximo? *O Globo*, Rio de Janeiro, 2014.

FRANCISCO. Encíclica *Laudato si'*. Sobre o cuidado da casa comum. Vaticano, 2015. Disponível em: https://www.vatican. va/content/francesco/en/encyclicals/documents/papa-francesco_20150524_enciclica-laudato-si.html. Acesso em: 21 mar. 2025.

FRANCISCO. *Exortação Apostólica Laudate Deum*. Cidade do Vaticano, 2023. Disponível em: https://www.vatican.va/content/ francesco/pt/apost_exhortations/documents/20231004-laudate-deum.html. Acesso em: 21 mar. 2025.

HAN, B.-C. *Sociedade do cansaço*. Petrópolis: Vozes, 2015.

SALVAÇÃO. *In*: *WIKIPÉDIA*: a enciclopédia livre. Disponível em: https://pt.wikipedia.org/wiki/Salva%C3%A7%C3%A3o. Acesso em: 21 mar. 2025.

Biografias

IVENISE SANTINON é teóloga, mãe e professora universitária. Possui doutorado em Ciências da Religião pela Universidade Metodista de São Paulo, mestrado em Teologia pela PUC-SP e Graduação em Teologia pela PUC-Campinas. Docente na Faculdade de Teologia, na PUC-Campinas. Membra Regional SP da Sociedade Brasileira de Teologia e Ciências da Religião; membra do GR da Comissão Episcopal para o Laicato da CNBB; integrante da Rede de Assessores/as do Centro Nacional de Fé e Política "D. Helder Camara", da CNBB. Membra da Rede Brasileira de Teólogas e fundadora da Rede de teólogas TeoMulher.

MOEMA MIRANDA é leiga católica, pertence à Ordem Franciscana Secular (OFS). É antropóloga, com mestrado em Antropologia Social, pelo Museu Nacional da UFRJ e doutora em Filosofia pela PUC-RJ. É professora no Instituto Teológico Franciscano. Integra a coordenação da Rede Igrejas e Mineração. É assessora da Comissão Episcopal Pastoral Especial para Ecologia Integral e Mineração e integra a Coordenação Nacional do Serviço Inter-franciscano de Justiça Paz e Ecologia. Participa da Equipe Coordenadora de Ameríndia. É assessora da Rede Eclesial Pan-Amazônica e integra a coordenação nacional da Comissão Brasileira de Justiça e Paz.

PATRÍCIA MENDES é mulher, mãe, franciscana, graduada em Letras, Teologia e Psicologia. Mestre em Teologia Bíblica. Pós-graduanda em Esquizodrama, Esquizoanálise e Análise Institucional. É psicóloga clínica.

Conecte-se conosco:

f facebook.com/editoravozes

◉ @editoravozes

𝕏 @editora_vozes

▶ youtube.com/editoravozes

◉ +55 24 2233-9033

www.vozes.com.br

Conheça nossas lojas:

www.livrariavozes.com.br

Belo Horizonte – Brasília – Campinas – Cuiabá – Curitiba
Fortaleza – Juiz de Fora – Petrópolis – Recife – São Paulo

Vozes de Bolso

EDITORA VOZES LTDA.
Rua Frei Luís, 100 – Centro – Cep 25689-900 – Petrópolis, RJ
Tel.: (24) 2233-9000 – E-mail: vendas@vozes.com.br